DE MARKETINGMIX

BELANGRIJKE INFORMATIE

- **Namen:** marketingmix, marketingmixbeleid

- **Gebruik:** de marketingmix is een basisinstrument voor marketingbeslissingen

- **Waarom is het succesvol?** Het model vat alle instrumenten samen waarover marketeers beschikken om beslissingen te nemen

- **Trefwoorden:** product, prijs, plaats, promotie, doelmarkt

INLEIDING

Geschiedenis

De term "marketingmix" dook voor het eerst op in het artikel "The Concept of the Marketing Mix" (1948) van de theoreticus Neil H. Borden (1895 – 1980), hoogleraar marketing en reclame aan de Harvard Business School. Hij zei zelf dat hij was geïnspireerd door het onderzoek van James W. Culliton (1912 – 2004) die de rol van marketingmanagers beschreef als "mixers van ingrediënten" en in dit stadium een lijst van twaalf elementen van de industriële marketingmix voorstelde. In 1960 ontwikkelde professor Jerome McCarthy (geboren in 1928) de theorie van Borden en behield vier hoofdpunten,

DE MARKETINGMIX

Beheers de 4 P's van marketing

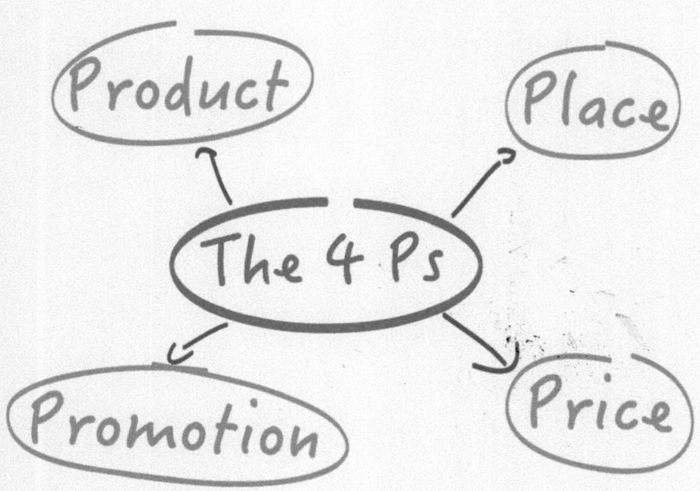

DE MARKETINGMIX

Beheers de 4 P's van marketing

geschreven door Morgane Kubicki
vertaald door Nikki Claes

namelijk de 4 P's (product, prijs, plaats en promotie) in zijn boek "Basic Marketing: A Managerial Approach". Het geheugensteuntje van deze benadering heeft bijgedragen tot het succes ervan en wordt veel gebruikt door marketeers. De marketingmix en de 4 P's van marketing worden vaak gebruikt om hetzelfde idee uit te drukken, hoewel ze niet echt synoniem zijn. De marketingmix is een concept dat de stappen en keuzes beschrijft die bedrijven of merken moeten maken tijdens het proces om met een product of dienst een markt te betreden, terwijl het 4 P's-model waarschijnlijk de bekendste manier is om de marketingmix te definiëren.

Definitie van het model

De marketingmix is een marketingconcept dat alle instrumenten omvat waarover marketeers beschikken om efficiënte acties te ontwikkelen en hun doelstellingen inzake verkooppenetratie binnen een doelmarkt te bereiken.

THEORIE

DOELSTELLINGEN VAN HET MODEL

De marketingmix omvat alle marketingbeslissingen en -acties die worden ondernomen om het succes van een product, dienst of merk op de markt te verzekeren.

De eerste beslissende stap in het marketingproces: marktanalyse. Zodra dat is gedaan, kan het 4 P's-model worden gebruikt als een goed besluitvormingsinstrument voor marketeers. Het model bestrijkt namelijk niet alleen alle elementen waarop marketeers zich kunnen richten, maar is ook gemakkelijk te gebruiken. De onderscheidende naam heeft ongetwijfeld ook bijgedragen aan het succes. Dit classificatiesysteem is een van de meest gebruikte in de marketingmix, zowel in leerboeken als in de praktijk.

Meer in het algemeen kan het marketingmixmodel worden gebruikt als hulpmiddel bij de besluitvorming in het kader van een nieuw aanbod op de markt, maar ook om een bestaande marketingstrategie te testen.

CONTEXT EN THEORETICI

De marketingmix verscheen in een periode waarin een aanzienlijke toename van de consumptie werd waargenomen. Tijdens de naoorlogse *boom* (periode van sterke economische groei tussen het einde van de Tweede

Wereldoorlog en de eerste oliecrisis, die in de meeste ontwikkelde landen van 1946 – 1973 plaatsvond) was er een explosie van de massaconsumptie. Voor die tijd werd marketing gewoon gebruikt om inzicht te krijgen in de voorkeuren en het gedrag van de consument. Met de komst van de marketingmix was het toen mogelijk om een totaalbeeld te krijgen van het op de markt brengen van een bepaald product. Hoewel deze theorie wordt toegeschreven aan McCarthy, die de 4 P's identificeerde, werd hij eigenlijk geïnspireerd door de lijst die Neil Borden opstelde in "The Concept of the Marketing Mix". De professor geeft zelf ook toe dat hij werd beïnvloed door het onderzoek van zijn partner, James Culliton, die de rol van marketingmanagers beschreef als "mixers van ingrediënten". Later heeft Philip Kotler (geboren in 1931), de vader van de moderne marketing, het concept van de 4 P's overgenomen en een geactualiseerde versie aangeboden in zijn beroemdste boek "Marketing Management" (in samenwerking met Kevin Deller, Delphine Manceau en Bernard Dubois).

De auteurs waren het niet allemaal eens over de aard van de elementen van de marketingmix. Neil Borden sprak van "procedures", maar tegenwoordig wordt de voorkeur gegeven aan de termen "parameters" of "instrumenten".

De oorspronkelijke lijst van Neil Borden bevatte 12 elementen van de marketingmix waarmee de marketeer rekening moet houden:

- product
- prijs

- branding

- distributiekanalen

- persoonlijke verkoop (face to face)

- reclame

- promoties

- verpakking

- display

- onderhoud

- fysieke behandeling

- feitenonderzoek en analyse.

Ondertussen stelt McCarthy voor deze variabelen te groeperen in vier categorieën of vier hefbomen voor actie:

- product

- prijs

- plaats

- promotie

In werkelijkheid bevatten deze lijsten, of ze nu uit twaalf of uit vier elementen bestaan, alle instrumenten waarover een onderneming beschikt om haar verkoop te beïnvloeden. Deze theorie heeft echter geen concreet bewijs en garandeert in geen geval 100% doeltreffendheid bij de besluitvorming. De kwaliteit van de toegepaste marketingstrategie ligt in de relevantie en de samenhang tussen de vier elementen waaruit de marketingmixtheorie bestaat. In zekere zin kan dit als volgt worden samengevat: het juiste product, op de juiste plaats, tegen de juiste prijs, op het juiste moment. Hiervoor is het nodig om:

- een product of dienst creëren die een bepaalde groep mensen wil;

- verkopen op een plaats die regelmatig door deze personen wordt bezocht;

- het op de markt brengen tegen een prijs die beantwoordt aan de verwachtingen van de klant;

- beschikbaar maken wanneer deze klanten dat willen.

Deze aanpak is geschikt, maar men mag niet voorbijgaan aan de aanzienlijke werklast die het verzamelen van alle nodige gegevens, zoals behoeften, verwachtingen en gedrag van klanten, met zich meebrengt. Er moet nog steeds worden bepaald hoe het goed of de dienst moet worden geproduceerd, tegen welke prijs en wanneer het op de markt moet worden gebracht om de verkoop te optimaliseren. Ook hiervoor is gedetailleerde kennis van de doelmarkt nodig. Hier komt de marktanalyse om de hoek kijken.

DE ONDERDELEN VAN HET MODEL

Productbeleid

Een product is een aanbod dat voorziet in een behoefte op een markt. Met andere woorden, een product kan een fysiek voorwerp zijn of een dienst die op de markt wordt gebracht om na aankoop en gebruik of consumptie aan de wens of behoefte te voldoen. Productbeleid verwijst dus naar de keuze van de kenmerken van door de onderneming aangeboden goederen of diensten, met andere woorden de aard, de kwaliteit, de omvang, het ontwerp, ... Het kan ook beslissingen omvatten over het merk, de verpakking, het etiket of het productassortiment.

Prijsbeleid

De prijs is het bedrag dat de consument moet uitgeven om het product aan te schaffen. Prijsbeleid omvat de concepten van:

- vaste prijs, d.w.z. de prijs die in de winkel wordt aangeboden

- kortingen

- betalingsvoorwaarden

- terugnamevoorwaarden

- kredietvoorwaarden

Dit stelt het proces van het vaststellen van de prijs of prijzen van een product ter discussie. Het prijsbeleid ligt niet vast en kan veranderen afhankelijk van promoties of van de levenscyclus van het product. Het moet rekening houden met een aantal beperkingen en variabelen, zowel bij producenten als bij consumenten: kostprijs, productimago, distributiekosten, prijselasticiteit (d.w.z. het effect van een prijswijziging op de vraag van de consument), concurrentievoorwaarden (monopolie, oligopolie, concurrentie, ...).

Distributiebeleid

De P van "plaats" komt overeen met het distributiebeleid.

Het houdt in:

- distributiekanalen
- distributienetwerken
- assortiment
- locaties
- beschikbaarheid
- transport
- logistiek

De onderneming is verplicht het distributienetwerk op te zetten en te onderhouden en ook de verkooppunten te kiezen (haar eigen winkels of distributeurs) die verant-woordelijk zullen zijn voor de presentatie van het product, de beschikbaarheid ervan in de schappen, het aanbieden van promoties of het geven van advies aan de klanten.

Communicatiebeleid

De vierde P, "promotie", betreft de communicatie.

Het communicatiebeleid omvat voornamelijk:

- reclame
- direct marketing of marketing in verkooppunten

- public relations

- sponsoring

Paradoxaal genoeg kan het tot op zekere hoogte de prijs beïnvloeden (premies, coupons of speciale aanbiedingen van beperkte duur, bijvoorbeeld), maar het blijft een daad van communicatie en geen prijsbeleid.

De onderlinge afhankelijkheid van dit beleid

Het marketingteam moet ervoor zorgen dat deze beslissingen worden genomen met aandacht voor de tussenpersonen in de distributie en de eindgebruikers, terwijl de marketingmanager verantwoordelijk is voor het begrijpen van de behoeften en verwachtingen van de klanten en het aanbieden van een aanbod of oplossing. Hij informeert de klanten en kiest een prijs die in overeenstemming is met de door hen gepercipieerde waarde van het product. Vervolgens moet hij de verkooppunten bepalen waar het product wordt gedistribueerd.

Voor de vier beleidsterreinen moet bij elke beslissing rekening worden gehouden met de doelgroepen en de positionering die het bedrijf heeft gekozen. Bovendien moeten ook andere gebieden in acht worden genomen, want als deze beslissingen afzonderlijk worden genomen, zijn ze niet interessant. In feite is de kracht van de marketingmix het combineren van alle elementen waarover marketeers beschikken.

De relatie tussen prijs en product is essentieel, maar niet het belangrijkste aspect. Alle elementen van de marketingmix hebben invloed op de andere. Zo moet bij de prijsstelling rekening worden gehouden met vele variabelen, waaronder de andere P's, d.w.z. het merk, de distributie en het communicatienetwerk. Ook promotie of distributie kunnen de verkoopprijs beïnvloeden. In 1979 onderzochten Paul Farris en David Reibstein de relaties tussen variabelen om hun invloed te bepalen. Zo kan een merk van standaardkwaliteit, met een sterke reclameondersteuning, gemakkelijk de prijs van zijn producten verhogen. Ook de distributie heeft een fundamentele invloed op het prijsbeleid. Zo kan een onderneming haar prijzen niet vaststellen zonder te weten of het product rechtstreeks door het merk zal worden gedistribueerd of via een tussenpersoon, die een kleine wederverkoper of een grote detailhandelaar kan zijn. Deze keuzes hebben een indirect effect op de distributiekosten, een kernvariabele van het prijsbeleid. Kortom, de variabelen zijn onderling afhankelijk.

BEPERKINGEN EN UITBREIDINGEN

BEPERKINGEN EN KRITIEK

Een doeltreffend beheer van de marketingmix creëert waarde voor de onderneming in de ogen van haar klanten. Daarom is de meest noodzakelijke voorwaarde dat men de doelstelling kent en de positionering van het merk op de markt bepaalt. Strategische planning bestaat uit het beheer van al deze gegevens met de elementen van de marketingmix. Het opstellen van een model volgens de principes van deze theorie is niet voldoende als er nog geen studie is gemaakt van de doelmarkt.

De meeste critici van het model verwijzen naar de 4 P's, eerder dan naar de marketingmix zelf. De marketingmix bestaat, in zijn brede definitie, uit de operationele marketinginstrumenten die bedrijven in staat stellen hun markt te bewerken en de verwachte voordelen te behalen (Kotler et al, 2009). Het is moeilijk om de marketingmix zelf echt te bekritiseren; vaker is de kritiek gericht op de manier waarop deze wordt benaderd.

De auteurs die de 4 P's hebben bekritiseerd, suggereren doorgaans dat dit classificatiesysteem moet worden verbeterd. Louis Michel Chevalier en Pierre Dubois stellen in hun boek over marketing dat de 4 P's niet het productmerk weerspiegelen dat een schakel vormt tussen het productbeleid en het communicatiebeleid. In het

door McCarthy gepresenteerde en later door Kotler overgenomen model maakt de naam van het merk wel deel
uit van het productbeleid. Michel Chevalier en Pierre
Louis Dubois beweren ook dat de marketingmix welis-
waar rekening moet houden met de 4 P's tegelijk, maar
dat de verschillende beleidsterreinen bijna nooit door
dezelfde persoon worden beheerd. In feite wordt het
marketingmixmodel voorgesteld als een geheel, wat
suggereert dat één persoon of één team alle beslissingen neemt. De onderdelen ervan behoren echter vaak
tot verschillende sectoren van de onderneming. Zo kan
het productbeleid afkomstig zijn van een CEO of de
innovatiediensten, terwijl het communicatiebeleid door
de communicatiediensten wordt behandeld.

Ten slotte moet men beseffen dat de marketingmix
slechts een algemeen instrument is om de besluitvorming te ondersteunen. Als je naar de details van elk
beleid kijkt, zijn er andere, meer specifieke concepten
die je moet beheersen. Zo vereist het prijsbeleid meer
kennis van concepten als retourpercentages of gepercipieerde waarde.

VERWANTE MODELLEN

De 7 P's

Om de tekortkomingen van het 4 P's-model te compen-
seren, bevelen sommige auteurs de toevoeging van
nieuwe componenten aan. Het bekendste van deze
modellen zijn de 7 P's (1981) van Bernard H. Booms en
Mary Jo Bitner, die de 4 P's van McCarthy aanvullen met

mensen (people), processen (processes) en fysieke bewijzen (physical evidence).

- Met "mensen", zoals bedoeld in de 7 P's, worden niet de klanten van het bedrijf bedoeld, maar het personeel dat de marketingstrategieën uitvoert. Hun invloed is belangrijk, omdat zij in contact staan met potentiële klanten. De reputatie en het imago van het bedrijf liggen in hun handen en worden door hun ogen gezien. "Mensen" zijn een van de weinige elementen van de marketingmix waarmee klanten in contact kunnen komen.

- "Proces" verwijst naar de manier waarop de marketeer een effectieve en passende klantenservice biedt. Het kan gaan om klantenservice, advies, openingstijden of zelfs thuisbezorging. Het is een manier om merkloyaliteit op te bouwen.

- Onder "fysiek bewijsmateriaal" wordt verstaan de fysieke onderdelen van de winkel, zoals de etalages of de organisatie van de schappen, voor tastbare producten.

We kunnen de conceptuele bijdrage van deze drie extra P's bekritiseren, aangezien de ideeën die zij vertegenwoordigen kunnen worden opgenomen in de oorspronkelijke 4 P's van McCarthy. "Proces", in de ruimste zin, is gerelateerd aan het productconcept. "Mensen" is gerelateerd aan het product en de promotie. "Fysiek bewijs" wordt, althans gedeeltelijk, begrepen onder promotie.

De S

Er worden ook andere P's voorgesteld:

- Philip Kotler stelt in "Principles of Marketing" (1986) voor "politieke macht" en "publieke opinie" toe te voegen

- Claudio Vignali en B. J. Davies stellen in "The Marketing Mix Redefined and Mapped: Introducing the MIXMAP Model" (1994) voor een "S" voor "service" toe te voegen.

Met de sectoren die aan het basismodel worden toegevoegd, kan ook vaak de marketingmix in het dienstverleningsdomein worden verbeterd. Dat geldt volgens de leer ook voor 'positionering', 'verpakking', 'participatie' of 'personalisering', die vooral voorkomen in de technieken van web 2.0 en marketing 2.0.

De 4 C's

Er ontstond ook een parallel model met de 4 P's, de 4 C's genaamd, om een van de belangrijkste punten van kritiek op het model van McCarthy aan te pakken, namelijk het bevooroordeelde perspectief ten gunste van de marketeer ten nadele van de koper. Robert F. Lauterborn construeerde de 4 C's uit de 4 P's en presenteerde het concept in New Marketing Litany: "Four Ps Passé, C-Words Take Over" (1990): ze zijn meer gericht op de klant dan op het product. Dit model is logisch als je bedenkt dat het doel van marketing is te voldoen aan de behoeften van de klant.

De 4 C's zijn:

- Customer (consument): het productbeleid wordt de oplossing die aan de consument wordt geboden. Wij moeten de klanten bieden wat zij werkelijk zoeken en daartoe hun koopgedrag bestuderen.

- Cost (kosten): het prijsbeleid is de kost voor de consument. In werkelijkheid is de prijs slechts een deel van de kosten die de klant bereid is te betalen. De kosten omvatten de aankoopprijs, maar ook de kosten van aanschaf, gebruik en afzien van een product en de kosten van productaccessoires.

- Communication (communicatie): dit betreft nu pure communicatie, die meer coöperatief is en de neiging heeft een dialoog tot stand te brengen tussen het bedrijf en de potentiële klant. Het doel is dat de communicatie niet alleen uit het bedrijf voortkomt, maar ook uit het contact met de klanten.

- Convenience (gemak): in plaats van distributiestrategieën vast te stellen, plaatst de marketeer zich in de positie van de klant om te begrijpen wat de toegangsmogelijkheden zijn om het product te kunnen aanschaffen. Met de komst en het succes van het internet is dit element steeds belangrijker geworden.

PRAKTISCHE TOEPASSING

ADVIES EN TIPS

De marketingmix kan helpen bij de besluitvorming in het kader van een nieuw aanbod op de markt of het testen van een bestaand aanbod. Het spreekt vanzelf dat we eerst het te analyseren object moeten identificeren, bijvoorbeeld een product, dienst of merk.

Alvorens de marketingstrategie op basis van de 4 P's of een verwant model op te stellen of te analyseren, moet de onderneming haar doelmarkt definiëren. Daartoe moet het een marktstudie uitvoeren, waardoor het de verwachtingen van de consumenten beter kan begrijpen en zich overeenkomstig kan positioneren.

Voorts is het noodzakelijk een interne en externe analyse van de onderneming uit te voeren om de marktsegmentatie te bepalen (verdeling van de markt in homogene groepen consumenten op basis van hun behoeften, kenmerken of gedrag).

De onderneming volgt dan een of meer segmenten van de markt en kiest een marketingdoelstelling (geselecteerde segmenten volgens het strategische belang dat zij voor de onderneming vertegenwoordigen).

Zodra het doel is vastgesteld, kan het zijn positionering bepalen, d.w.z. zijn product tussen de concurrenten plaatsen.

Merk op dat hier de consument centraal staat in de marketingaanpak. Daarom wordt vaak de voorkeur gegeven aan het 4 C's-model boven de 4 P's, ook al worden de variabelen hier gewoon vanuit een andere invalshoek besproken.

Om haar marketingmixstrategie vast te stellen, moet de onderneming vervolgens een reeks vragen beantwoorden voor elke component van het model.

Bepaal de kenmerken van het product/de dienst

De eerste stap is het bepalen van de kenmerken van het product of de dienst. Daartoe moeten we de volgende vragen stellen:

- Wat verwacht de consument van het product of de dienst?

- Wat zijn de noodzakelijke kenmerken van het product om aan die verwachtingen te voldoen?

- Hoe en in welke context zal de klant het product gebruiken?

- Hoe ziet het product eruit? Deze vraag heeft betrekking op het uiterlijk van het product zelf, maar ook op de verpakking.

- Wat is de naam en het merk dat aan het product moet worden gegeven?

- Waarin verschilt het product van dat van zijn concurrenten?

- Wat is de maximale kostprijs voor de verkoop ervan om winstgevend te blijven?

In deze eerste fase zijn de vragen over het product vergelijkbaar met die die moeten worden gesteld bij het overwegen van het prijsbeleid.

Bepaal het prijsbeleid

De prijs kan worden vastgesteld op basis van de kosten of de gepercipieerde waarde van het product. Welke aanpak ook wordt gekozen, hij moet de volgende vragen kunnen beantwoorden:

- Wat is de waarde van het product voor de consument?

- Heeft dit product een basisprijs? Waar staat het ten opzichte van zijn concurrenten?

- Heeft het product veel prijselasticiteit? Kunnen de prijzen worden verlaagd om het marktaandeel te vergroten? Zou het verhogen van de prijs daarentegen meer winst opleveren?

De communicatiemiddelen bepalen

Communicatie is niet alleen een kwestie van het kiezen van een aanpak. De instrumenten waarover marketeers beschikken zijn zo talrijk dat een speciale afdeling voor communicatie vaak belast is met het zoeken naar de beste manier om de doelgroep te bereiken, wanneer deze eenmaal is geïdentificeerd. Het is essentieel om de doelgroep en de gewenste reactie te kennen alvorens een strategie op te stellen, zodat de juiste communicatiemiddelen kunnen worden gekozen. Het grootste deel van de communicatie-uitgaven gaat naar reclame. Hierbij kan het gaan om campagnes waarbij gebruik wordt gemaakt van:

- pers (algemeen of gespecialiseerd)

- displays

- TV

- radio

- cinema

- internet

Vergeet niet dat zelfs als de verkoopbevordering gekoppeld is aan het prijsbeleid (samples, premies, wedstrijden, coupons, …), het nog steeds een actie van het communicatiebeleid is.

We kunnen de vorige lijst aanvullen met andere instrumenten, zoals:

- public relations

- directe en interactieve marketing (met behulp van personalisering en interactiviteit)

- virale marketing (vaak toegepast op het internet)

- verkoop (waarbij sprake is van een interpersoonlijke uitwisseling tussen het merk en de klant)

Het is ook nuttig de volgende vragen te stellen:

* Wat zijn de meest effectieve manieren om de doel-groep te bereiken?

* Wanneer is de beste tijd om met promotie te beginnen? Is de markt waarin ik actief ben seizoensgebonden?

* Welke communicatieactiviteiten worden door concurrenten gebruikt? Beïnvloeden zij de keuze van de acties?

De distributieplaatsen bepalen

Voor "plaats" moet de distributiestrategie worden bepaald in overeenstemming met de andere componenten van de marketingmix. De vooraf gekozen positionering van het product/de dienst beïnvloedt onvermijdelijk de beslissing over de distributiewijze.

"Promotie" en "plaats" beïnvloeden elkaar ook als de onderneming in haar distributiebeleid kiest voor een push-strategie (gebaseerd op het verkooppersoneel en het distributienetwerk) of een pull-strategie (gebaseerd op communicatie met de consument en met name reclame).

 **GOED OM TE WETEN: PUSH- EN PULL-STRATEGIEËN**

De push-distributiestrategie is bedoeld om het product naar de klant te brengen. De onderneming gebruikt haar verkooppersoneel en haar distributiebeleid om de klant aan te moedigen voor haar product te kiezen. Impulsaankopen zijn hiervan een goed voorbeeld.

Bij de pull-strategie daarentegen worden klanten aangetrokken tot het product. Hierbij wordt over het algemeen gebruik gemaakt van communicatie en reclame om de klant ertoe aan te zetten het product te willen.

Ook het product zelf zal de keuzes beïnvloeden: gaat het om een routine- of een speciale aankoop? Is het een basisproduct of een luxeartikel? Alle eerder gedefinieerde variabelen komen in aanmerking omdat zij zelf worden beïnvloed door het distributiebeleid. Zo zal de ontwikkeling van een eigen distributienetwerk de prijs en de communicatie beïnvloeden. De marketeer moet nog een aantal vragen kunnen beantwoorden:

- Waar gaan potentiële klanten heen om het product te kopen?

- Zullen klanten dit product gemakkelijker kopen in een algemene winkel, een speciaalzaak, online of zelfs per post?

- Is het gekozen distributiesysteem gemakkelijk toegankelijk voor gasten?

- Is het beheren van een verkoopteam noodzakelijk?

- Wat doen concurrenten? Hoe kan het model worden aangepast of gedifferentieerd?

PRAKTIJKVOORBEELDEN

In deze casestudy presenteren we twee bedrijven die gebruik hebben gemaakt van de marketingmixstrategie van McCarthy. De eerste case, gewijd aan de Duitse winkelketen Aldi, is afkomstig uit *The Times 100, Business Case Studies* en laat zien hoe, in een zeer concurrerende bedrijfstak, een product dat niet noodzakelijkerwijs innovatief is, kan zegevieren en waarde kan creëren door een efficiënte strategie van de andere elementen van de marketingmix.

Het tweede geval komt uit een gesprek tussen Alain Afflelou, Stephen Gless en Dominique Lichel (*L'Entreprise*, oktober 2006) en een artikel van Baptise Diebold (2006). Deze analyse brengt de krachtige marketingstrategie van Afflelou aan het licht, die op elk gebied van de marketingmix innoveert.

Aldi – waarde creëren via de marketingmix

Sinds zijn oprichting in 1913 is Aldi erin geslaagd zich te vestigen als één van de grootste Europese detailhandelaars. Het oorspronkelijke doel was om klanten te voorzien van producten die zij regelmatig kopen, verkocht onder hun eigen Aldi-merk, tegen concurrerende prijzen. In de marketingstrategie van dit bedrijf zijn de verschillende elementen van de marketingmix op elkaar afgestemd. Innovatie gebeurt niet via het product, maar via de manier waarop de 4 P's zijn gestructureerd om een echte marketingmixstrategie te creëren.

Aldi probeert een grote verscheidenheid aan standaard kwaliteitsproducten aan te bieden, die onder hun eigen merk worden verkocht. De eerste "P" die centraal staat in hun bedrijfsstrategie is "prijs". Om goedkopere producten aan te bieden dan haar concurrenten, baseert de onderneming haar beleid op kostenoptimalisatie en past zij de andere "P"-beleidslijnen aan om dit doel te bereiken.

Producten worden in grote hoeveelheden gekocht en er wordt weinig geld uitgegeven om ze aan te kleden (verpakking, merk, ...).

Op het niveau van de distributie probeert de onderneming opnieuw kosten te besparen door de rekken en displays in de verkooppunten te beperken. Wat de locatie van haar winkels betreft, wordt rekening gehouden met vier criteria:

- het aantal mensen dat het gebied bezoekt of er woont

- geringe concurrentie: Aldi bevindt zich over het algemeen buiten de stadscentra en op plaatsen met een goede zichtbaarheid vanaf de hoofdweg, met minimale concurrentie uit de omgeving

- toegankelijkheid van de winkel, ook via het openbaar vervoer

- voldoende parkeerplaatsen

De communicatie van het bedrijf is gericht op klantenbinding en versterkt de boodschap van het prijs- en productbeleid: "De producten van Aldi zijn van dezelfde kwaliteit als die van grote merken, maar goedkoper".

Zo worden in de winkels promotiefolders verspreid om de klanten aan te moedigen terug te keren. Naast de media richt het bedrijf zich ook op public relations, mailinglijsten, beheer van sociale netwerken en acties die zijn producten via een externe bron van het bedrijf onder de aandacht brengen. Daartoe neemt Aldi deel aan vele jaarlijkse productwedstrijden. Door deze wedstrijden te winnen kan het zijn zichtbaarheid vergroten, maar ook zijn geloofwaardigheid, aangezien een derde, neutrale partij zijn producten tot de beste heeft uitgeroepen.

Aldi heeft een gedetailleerde verkoopaanpak die het een voorsprong geeft in een zeer concurrerende markt. Dankzij het evenwicht dat met de marketingmix wordt bereikt, kan Aldi producten van goede kwaliteit tegen zo laag mogelijke prijzen aanbieden. Dankzij het communicatiebeleid kan de winkelketen het imago van haar producten verbeteren en tegelijkertijd de prijs ervan benadrukken. Dankzij haar positioneringsbeleid ten slotte hoeft zij de distributiekosten niet te verhogen. Er lijkt geen grote innovatie te zijn doorgevoerd op het gebied van prijs, product, plaats of promotie, maar het evenwicht tussen deze vier beleidslijnen heeft Aldi in staat gesteld zijn plaats op de markt te vinden.

Afflelou – een succes op basis van innovatie in de verschillende elementen van de mix

Alain Afflelou opende zijn eerste winkel in 1970 in Bordeaux. In 1984 had de keten al bijna 100 franchises. In 2012 had het merk 722 winkels in heel Frankrijk en meer dan 1000 in totaal. Dit succes is te danken aan het feit dat het merk erin slaagde te innoveren op elk gebied van de marketingmix.

- Product: Afflelou heeft altijd innovaties in brillen en contactlenzen aangeboden met bijvoorbeeld vrijwel onverwoestbare glazen. Voor klanten boven de veertig lanceerde het merk 'Forty', een verpakking van vier glazen waarmee ze van dichtbij kunnen zien. Deze producten lijken niet revolutionair, maar toch was het merk de eerste die ze aanbood.

- Prijs: Afflelou was het eerste merk dat spotgoedkope brillen voorstelde, inclusief de "Chin-Chin"-actie, waarbij een tweede paar voor een euro extra werd aangeboden. De prijs-productverhouding zou al voldoende zijn geweest, maar de volledige marketing-mixstrategie zorgde ervoor dat het bedrijf een echt dominante marktpositie had.

- Plaats: het merk heeft ook geïnnoveerd op het gebied van distributie. Het heeft in feite een eigen distribu-tienetwerk, maar zijn winkels waren ook de eerste met open access frame displays.

- Promotie (communicatie): het merk besteedt een aanzienlijk deel van zijn budget aan de afdeling pro-motie – die zeker een van de grootste in de sector is – en maakt gebruik van sponsoring (partner van het tennistoernooi French Open en de voetbalclub Paris Saint-Germain).

Het bedrijf Afflelou heeft voor elk element van de mar-ketingmix een innovatieve strategie opgezet, waarbij de samenhang tussen de verschillende elementen is gewaarborgd.

Conclusie

De gevallen van Aldi en Afflelou zijn zeer verschillend. Voor Aldi hangt het succes van de strategie af van de samenhang tussen de vier beleidslijnen. In het geval van Afflelou komt het succes voort uit innovatie op elk gebied van de marketingmix. Naast het feit dat de marketingmix een bedrijf de instrumenten verschaft om zijn doelstellingen te bereiken, zet het model marketeers ook aan om na te denken over hun marketingstrategie als geheel.

SAMENVATTING

- De marketingmix biedt marketeers een reeks instrumenten waarmee ze beslissingen kunnen nemen met betrekking tot de gedefinieerde markt.

- Doelstelling: de marketingmix wordt gebruikt om een nieuw product op de markt te brengen of om een bestaande marketingstrategie te testen.

- De 4 P's: voorgesteld door McCarthy in 1960, omvat dit model de marketingmixinstrumenten in vier categorieën: product, prijs, plaats (distributie) en promotie (communicatie).

- Theoretici: Neil Borden introduceerde het concept van de marketingmix (1948) en McCarthy ontwikkelde het concept van de 4 P's (1960).

- Context: de marketingmix ontstond in de context van de opkomst van de massaconsumptie.

- Onderdelen: product, prijs, plaats, promotie.

- Voordelen: de marketingmix vat netjes alle instrumenten samen waarover marketeers beschikken om beslissingen te nemen.

- Grenzen: de marketingmix is een allesomvattende benadering van de marketingstrategie, maar bij het uitwerken van een diepgaande strategie moeten andere instrumenten worden ingezet. Beslissingen over de verschillende beleidslijnen zijn vaak het resultaat van verschillende personen of diensten en dit maakt het moeilijk om de samenhang tussen de 4 P's te handhaven.

- Uitbreidingen: vaak worden drie P's toegevoegd (people, processes en physical evidence) om de vier P's van het model van McCarthy aan te vullen. De 4 C's (customer, cost, communication, convencience) zijn een andere variant van het concept, die meer gericht is op de klant.

- Tip: alvorens beslissingen te nemen over de 4 P's moet de onderneming zeker weten in welke doelmarkt zij zich wil positioneren.

VERDER LEZEN

BIBLIOGRAFIE

Alain Afflelou's website: http://www.alainafflelou.fr/

Armstrong, G. & Kotler, P. (2007). *Principes de marketing*. [8e editie]. Parijs: Pearson Education.

Booms, B. H. & Bitner, M. J. (1981). Marketingstrategieën en organisatiestructuur voor dienstverlenende bedrijven. In Donnelly, J. en George, W. R. *Marketing of Services*. Chicago: American Marketing Association. pp. 47-51.

Borden, N. H. (1964). Het begrip marketingmix. *Journal of Advertising Research*.

Business Case Studies. (z.j.). Waarde creëren door de marketingmix, een casestudy van Aldi. *The Times 100 Case Studies*. *[Online]*. *[Geraadpleegd op 22 mei 2014]*. Beschikbaar via: < http://businesscasestudies.co.uk/aldi/creating-value-through-the-marketing-mix/introduction.html#axzz4S2tz9DPH>

Byrne, K. (2004). Uw marketingmix beheren. *Chartered Accountants Journal*.

Chevalier, M. & Dubois, P. L. (2009). *Les 100 mots du marketing*. Parijs: PUF.

Demos. (2012). *Le marketing mix ou mix marketing, de la stratégie à l'opérationnel*. Parijs: Demos.

Diebold, B. (2006). Afflelou entrevoit la vie sans Alain. *Uitdagingen*. Volume 29.

Faris, P. en Reibstein, D. (1979). How Prices, Expenditures and Profits are linked. *Harvard Business Review*. [Nov/Dec issue]. pp. 173-184.

Kotler, P. (1986). *Principes van Marketing*. [3e editie]. Upper Saddle River (New Jersey): Prentice Hall.

Kotler, P., Keller, K., Manceau, D. & Dubois, B. (2009). *Marketing Management*. [13e editie]. Parijs: Pearson Education.

Lauterborn, R. F. (1990). Nieuwe Marketing Litany: Four Ps Passé, C-Words Take Over. *Advertisng Age*. 61(41).

Magrath, A. J. (1986). When Marketing Services, 4Ps are not Enough. *Business Horizons*. 29(3), pp. 45-50.

Maillet, T. (2010). *Le Marketing et son histoire ou le Mythe de Sisyphe réinventé*. Parijs: Pocket.

McCarthy, J. E. (1960). *Basic Marketing : A Managerial Approach*. Homewood (Illinois): R.D. Irwin.

Pariot, Y. (2011). *Les Outils du marketing stratégique et opérationnel*. [2e editie]. Parijs: Eyrolles.

Van den Bulte, C. & van Waterschoot, W. (1992). The 4 P Classification of the Marketing Mix Revisited. *Tijdschrift voor Marketing*. pp. 83-93.

We horen graag van jou! Laat
een reactie achter op jouw online bibliotheek
en deel je favoriete boeken op social media!

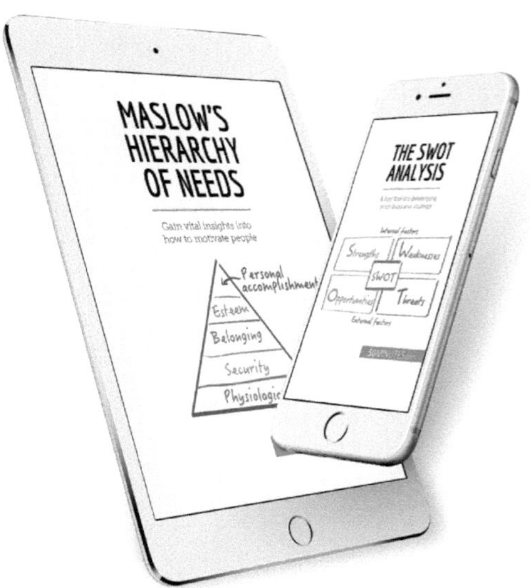

IMPROVE YOUR GENERAL KNOWLEDGE
IN THE BLINK OF AN EYE!

www.50minutes.com

Master ISBN: 9782808063876
Papier ISBN: 9782808064163
Wettelijk depot: D/2022/12603/61

Digitaal ontwerp: Primento,
de digitale partner van uitgevers.